| 个人品牌进阶丛书 |

善于借鉴带来源源不断的灵感

［美］奥斯丁·克莱恩（Austin Kleon）著　　刘晗 译

清华大学出版社
北　京

北京市版权局著作权合同登记号　图字：01-2024-1880

STEAL LIKE AN ARTIST 10TH ANNIVERSARY GIFT EDITION WITH A NEW AFTERWORD by AUSTIN KLEON

Copyright © 2012, 2022 BY AUSTIN KLEON, ILLUSTRATIONS BY AUSTIN KLEON

This edition arranged with Workman Publishing Co., Inc., a subsidiary of Hachette Book Group, Inc. through Big Apple Agency, Inc., Labuan, Malaysia. Simplified Chinese edition copyright: 2024 Tsinghua University Press Limited. All rights reserved.

本书封面贴有清华大学出版社防伪标签，无标签者不得销售。

版权所有，侵权必究。举报：010-62782989，beiqinquan@tup.tsinghua.edu.cn。

图书在版编目（CIP）数据

创意从哪里来 : 善于借鉴带来源源不断的灵感 / (美) 奥斯丁·克莱恩 (Austin Kleon) 著 ; 刘晗译. 北京 : 清华大学出版社, 2024.6. -- (个人品牌进阶丛书). -- ISBN 978-7-302-66530-4

Ⅰ. B848.4-49

中国国家版本馆 CIP 数据核字第 2024GR1489 号

责任编辑：顾　强
封面设计：方加清
版式设计：张　姿
责任校对：王荣静
责任印制：沈　露

出版发行：清华大学出版社
　　　　网　　址：https://www.tup.com.cn，https://www.wqxuetang.com
　　　　地　　址：北京清华大学学研大厦 A 座　　邮　编：100084
　　　　社 总 机：010-83470000　　　　　　　　　邮　购：010-62786544
　　　　投稿与读者服务：010-62776969, c-service@tup.tsinghua.edu.cn
　　　　质 量 反 馈：010-62772015, zhiliang@tup.tsinghua.edu.cn
印 装 者：河北鹏润印刷有限公司
经　　销：全国新华书店
开　　本：150mm×150mm　　**印　张**：8⅛　　**字　数**：85 千字
版　　次：2024 年 6 月第 1 版　　**印　次**：2024 年 6 月第 1 次印刷
定　　价：59.00 元

产品编号：105842-01

本书赞誉

"精彩,真切。"

——罗珊·凯许(Rosanne Cash),美国歌手、演员

"让自己沉浸在《创意从哪里来》的世界里,是对自己精神生活所能做的最好投资。"

——《大西洋月刊》(*The Atlantic*),美国综合性期刊

"书中充满了适用于几乎所有工作的合理建议。"

——生活黑客(Lifehacker),美国著名生活类博客网站

"《创意从哪里来》既是宣言,又是指南,它旨在向读者传递这样一种理念:所有的创造性工作都是迭代的,没有一个想法是百分百原创的,所有的创作者和他们的作品都是灵感和前辈大师的总和……"

——《福布斯》(*Forbes*),全球著名商业杂志

"这本书充满了引人入胜的趣闻逸事和实用建议,都是克莱恩在学习如何亲自践行创意的过程中所总结出来的经验之谈。"

——《快速公司》(*Fast Company*),全球三大财经商业媒体之一、美国最具影响力的商业杂志之一

"这本书能让一名艺术家跳过大约十年的试错和踩坑。"

——克里斯托弗·马洛(Christopher Moore),英国戏剧家

"这本半个小时就能翻完的书,还能在接下来的几周之内持续发酵,让你得到启发……我强烈推荐给任何对艺术创作感兴趣的人。它提醒我们,灵感无处不在。"

——杰森·席格尔(Jason Segel),美国演员、编剧、制片人

"完美,无懈可击。"

——克里斯·安德森(Chris Anderson),TED掌门人

"灵光乍现,叹为观止。"

——美国有线电视新闻网(CNN)

"这是一本短小精悍、简单易懂、非常个人化的读物,里面有很多有助于激发创造力的实用技巧。"

——商业内幕(business insider),美国新闻网站

"轻松、有趣,当然也很吓人。之所以可怕,是因为它揭穿了你的装腔作势。"

——塞斯·戈丁(Seth Godin),畅销书作家

"关于如何成为一名成功的艺术家,本书提供了引人入胜、振奋人心和实用的建议,这些建议远远超出了艺术追求的范畴……可以说,这是一本简单易懂、与当今数字世界密切相关的读物。"

——《学校图书馆杂志》(*School Library Journal*)

致布姆（Boom）

无论如何，懂的自然都懂

PREFACE 推荐序

从模仿到独创：开启你的创意探索之旅

创意从哪里来？

"创意是偷来的，像艺术家一样去偷。"

这是本书作者奥斯丁·克莱恩（Austin Kleon）对所有希望能够持续创新、拥有源源不断创意的人，给出的答案。

这是一个内容爆炸的时代，创新和创意几乎成为我们每个人追求的目标。

这也是一个 AI 革命的时代，如果我们的工作按部就班、缺乏创意，被 AI 替代或许只是时间问题。

那么，如何找到属于自己的创意，如何在纷繁复杂的信息中捕捉到灵感，如何将那些创意应用到日常的工作和生活之中，这些问题常常困扰着每一个想要突破自我的人。而《创意从哪里来》就是为内容时代和 AI 时代下的我们量身定做的一整套"创意解决方案"，为我们提供了一种全新的视角和方法。

不得不说,我作为一个教育创业者,也是一个内容创作者,在读完《创意从哪里来》之后,原本接近枯竭的表达欲和好奇心,被他的"创意偷窃术"彻底激活了。一个小时就能读完的书,却值得一读再读,反复品味和践行。

重新定义"偷":从借鉴到创作的艺术

书名中的"偷"并非贬义,而是一种高度智慧的"借鉴"与"转化"。奥斯丁·克莱恩通过自己丰富的创作经历和对无数艺术家、作家的研究,揭示了一个真理:

世上没有真正意义上的原创,每一件伟大的作品都是建立在前人的基础之上,是对已有作品的重新组合和创新。

这种"偷窃"不是简单的复制,而是深刻理解、消化吸收后,再通过自己的视角重新演绎。

正如画家毕加索所言:**"好的艺术家模仿,伟大的艺术家偷窃。"**

在创作过程中,我们要学会从各种各样的来源中获取灵感,然后融入自己的风格,创造出独特的作品。

创意法则揭秘：从灵感到创新的 10 条金律

奥斯丁·克莱恩在书中提出了 10 条激发创意的法则，这些法则简单而深刻，涵盖了从如何开始到如何持续创作的各个方面。

1. 像艺术家那样"偷"灵感：放下"百分百原创"的执念，大胆借鉴优秀的作品，从中寻找灵感。

2. 在行动中认识自己：创作本身就是一个发现自我的过程，不要等到知道自己是谁才开始，行动胜于等待。

3. 写一本你自己想读的书：创作你自己渴望看到的作品，激情和兴趣是最好的驱动力。

4. 自己多动手：试着摆脱数字工具的束缚，手工制作通常能够激发新的灵感。

5. 发展副业和兴趣爱好至关重要：多元化的兴趣可以相互启发，激发更丰富的创意。

6. 工作中精耕细作，并且学会与他人分享：优质的创作和积极的分享是打开成功之门的钥匙。（这在他另一本书《秀出你的工作》里，讲得更加详细和精辟）

7. 距离不再是问题：在互联网时代，创意和灵感无处不在，地域限制已经被彻底打破。

8. 与人为善（世界是个小小地球村）：创作不仅仅是作品的诞生，更是人与人之间的连接，善待他人就是善待自己。

9. 循规蹈矩（完成工作的唯一方式）：创意不止有天马行空，还需要时间和耐心，规律的生活和工作习惯是创作的基础。

10. 创意就是做减法：学会简化，专注于最重要的部分，聚焦反而能激发更多的创意。

那些颠覆世界的创意从哪里来？我们能否借鉴？

在这 10 条创意法则中，奥斯丁·克莱恩还搭配了很多真实案例，让我们更好地理解了那些顶尖创意的诞生，无非就来自于这些简单而深刻的法则。

书中提到了"相邻可能性"的概念，是说：

创新并不是凭空而来的，而是现有事物的重新组合。

他引用了苹果公司创始人史蒂夫·乔布斯的例子：乔布斯并不是发明个人电脑的第一人，但他结合已有技术、设计和用户体验，打造出苹果电脑，这种组合创新使苹果公司成为引领行业的先锋。

我们在日常工作中，有时候也不需要等待一个全新的灵感，而是从现有的资源和想法中寻找新的组合方式。

他在书中还提到音乐家布莱恩·伊诺所提出的"液态网络"概念，即一个开放、多样化的交流环境能够激发更多的创意。伊诺在制作音乐时，喜欢与不同背景的音乐人合作，通过不断地交流和碰撞，创作出许多令人惊艳的音乐作品。

这一点对于团队合作尤为重要。我们在工作中可以通过建立一个开放的交流平台，鼓励团队成员自由表达想法和意见，从而激发更多的创意和灵感。这种多样化的观点碰撞往往能带来意想不到的解决方案和创新。

伟大的创意往往需要时间的积累和反复的试验。对于我们的日常工作而言，不要急于求成，要有耐心和毅力，逐步完善自己的想法和项目。每一次失败和挫折，都是我们能够收到的最好的创意礼物。

内容创作者：从灵感枯竭到创意无限

当下短视频和直播行业蓬勃发展，创作者们面临着激烈的竞争和数据压力。如何在这一潮流中脱颖而出，并保持创作的热情和创新能力，是每一个内容创作者都在思考的问题。

而我作为一名内容创作者，也经历过无数次的灵感枯竭和创作困境。奥斯丁·克莱恩的这本书给了我极大的启发和鼓励，它也和《秀出你的工作》一样成为我最喜欢的案头书。

遇到瓶颈时，翻开它，读几页，然后重新审视自己的创作过程，寻找可以借鉴的优秀作品，从中获取灵感。

就好比前些天，我在为一场关于"如何保持自我精进和成长"的演讲而发愁，进展极其缓慢。但受《创意从哪里来》的启发，我跳出现有框架，开始研究不同经济周期下的商业成功案例，从中汲取灵感，结合自己的观点，最终完成了一次深受观众喜爱的演讲。

这也再一次让我体会到：**创意并非孤立存在，而是源于不断的学习和借鉴。**

类似的启发在书中还有非常多，我相信你会在短短的一个小时里，体验一场全新的创意头脑风暴。

结语：踏上创意之旅

《创意从哪里来》绝不仅仅教会我们如何"偷"创意，更教会我们如何在这个信息泛滥的时代，找到自己的独特声音。无论你是艺术家、作家，还是普通的创作者，这本书都将成为你创意之旅中的良师益友。

那就一起打开这本书，踏上发现创意之源的奇妙旅程吧！

K 叔

一行 DoMore 教育创始人

"Kris 进化笔记"视频号主理人

《引爆自律力》作者

PREFACE
序言

所有他人的建议都是其自我反思

当别人给你提出某些建议的时候,这些建议事实上是他们对过去的自己所说的,至少我是这样认为的。

这本书就是我与过去自己的对话。

书中集合了我近十年来做艺术的心得体会,当我开始与他人分享这些经验之谈的时候,发现了一个有意思的事情——我意识到,这些经验不仅仅受用于艺术家,而且对所有人都大有裨益。

对于那些试图将创意注入生活和工作的朋友来说,这些点子刚好对路。(见者有份。)

换句话说,无论你是谁,不管你是做哪行的,这本书看了绝对值回书价。

让我们开启创意之旅吧。

"艺术就是偷。"

——巴勃罗·毕加索(Pablo Picasso),西班牙画家

稚嫩的诗人模仿,

成熟的诗人偷。

蹩脚的诗人把他偷来的改得面目全非,

出色的诗人把他拿来的加以完善升华,

或者至少让人刮目相看。

别出心裁的诗人将他搜罗的"战利品"

拼凑出独一无二的效果,令人全然察觉不出

他所写的是灵感的碎片。

——T. S. 艾略特(T. S. Eliot),英国诗人

19岁的我,那时候要是有人给我提供些"金点子"就好了……

CONTENTS 目录

① 像艺术家那样"偷"灵感 ………… 001

② 在行动中认识自己 ………… 027

③ 写一本你自己想读的书 ………… 047

④ 自己多动手 ………… 055

⑤ 发展副业和兴趣爱好至关重要 ………… 067

⑥ <u>秘诀</u>：工作中深耕细作，并且学会与他人分享 ………… 079

⑦ 距离不再是问题 ………… 091

⑧ 与人为善（世界是个小小地球村）………… 103

⑨ 循规蹈矩（完成工作的唯一方式）………… 125

⑩ 创意就是做减法 ………… 143

致谢 ………… 175

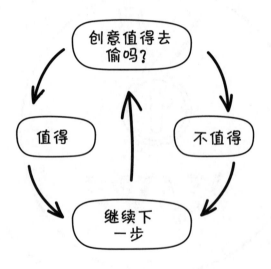

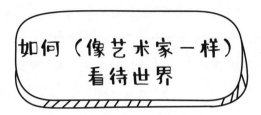

每个艺术家都会被问到这样的问题:

你的灵感从何而来?

实在的艺术家会坦言:

我偷来的。

艺术家是如何看待这个世界的?

首先,你要知道什么东西值得"偷",然后再继续下一步。

所有事情的关键就在于此。

当你以这种方式看世界，就无须再去考虑"好"与"坏"——只有这个创意到底值不值得去"偷"这一件事了。

一切都是信手拈来的事。也许你现在没有发现那些值得去"偷"的点子，可能明天、下个月或者一年以后，你又会发现它有"偷"的价值。

"唯一值得我去研究的艺术,就是我可以从中偷些点子的那些艺术。"

——大卫·鲍威(David Bowie),英国摇滚乐手

世界上没有绝对原创这回事

作家乔纳森·勒瑟姆（Jonathan Lethem）曾说，当人们将某些东西称为"原创"时，十有八九是因为他们没有追溯过作品的参考文献或出处。

艺术家，但凡有两把刷子的，都清楚地知道，创意绝不可能凭空而来。所有的创意作品都有前人的影子。世上根本没有绝对原创这回事。

正如《圣经》所明示的：太阳底下无新事。

有些人在明白这个道理之后失去了斗志，但我却满怀希望。也正如法国作家安德烈·纪德（André Gide）所说："所有该说的话都已经说过了。但是因为没人在听，所以不得不再讲一遍。"

如果我们甩掉了"百分百原创"这个包袱，那么我们就不必再勉为其难地去"无中生有"，我们可以尽享前人作品带来的灵感，而不是迫切地与其撇清关系。

"什么是原创?原创就是尚未被发现的灵感剽窃。"

——威廉·拉尔夫·英格(William Ralph Inge),英国神学家

创意的谱系

所有冒出的新点子，不过是之前的一个或多个创意的混搭。

艺术院校的老师会传授给你这样一个诀窍：在一张纸上画出两条平行线：

现在纸上有几条线？

有一个线条，还有另一个线条，但是这两条线之间的空间也是一条线。

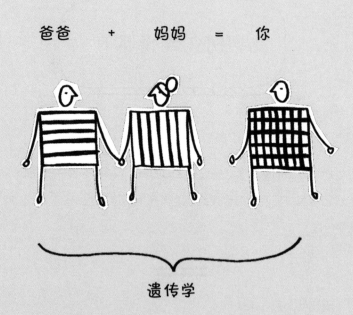

看到了吗？ 1+1=3。

遗传学就是一个很好的例子。你从父母那里继承了他们的特质，而且这些生理和心理的特征在你身上产生了叠加效应。你集中体现了父母以及所有祖先的特征。

正如你延续着家族的血脉，你身上同样聚积着创意的谱系。你无法选择自己的家庭出身，但你可以选择师长和朋友，你可以选择想听的音乐、想看的书以及电影。

事实上，你的多重选择串起了你的人生。你读过的书、听过的歌以及看过的电影影响了你。德国作家歌德曾说过："我们所热爱的一切塑造了我们自己。"

"在音乐世界里,我们是没有父亲的孩子……所以我们从博物馆里的蜡像、街道以及历史中寻找音乐之父。我们要挑选那些能给我们自己创造的世界带来灵感的祖先。"

——JAY-Z,美国说唱歌手

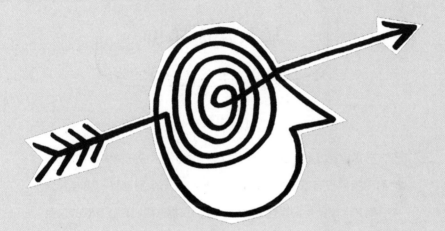

输入决定输出

艺术家都是收藏家,但你要认为他们是囤积狂就大错特错了。他们和囤积狂有着本质上的区别:囤积狂无差别地将一切收入囊中,而艺术家则是选择性地收集,他们只挑选自己真心喜欢的东西来收藏。

有一种经济理论认为:如果你把跟你交情最好的五个朋友的收入取个平均值,得出的结果将非常接近你自己的收入。

我们的创意来源也是如此。你和你周围人的层次不相上下。

我妈妈常对我说:"输入决定输出(Garbage in, garbage out)。"以前这句话让我很抓狂,但现在我总算知道她的用意了。

你的任务就是去收集有价值的点子。你拥有的越多,选择的余地就越大。

"从任何能引起你共鸣或激发你想象力的地方汲取创意。不管是怀旧电影、新上映的片子、音乐,还是风格各异的书籍、绘画、照片、诗歌,或是不着边际的漫谈、建筑、路标、树木、云朵、水流、光线和阴影,通通一饱眼福吧。从中挑出那些直达你灵魂深处的东西,如果你这样做,你的'剽窃作品'将会成为真正的原创。"

——吉姆·贾木许(Jim Jarmusch),美国导演

在你自己的谱系树上攀援生长

艺术家马塞尔·杜尚（Marcel Duchamp）曾说过："我不相信艺术，我只相信艺术家。"这实际上是一个相当好的学习方法。而如果你想一次性吃透所学学科的全部历史，一口气吃成胖子的方法绝对会压得你喘不过气来。

相反，仔细"品读"一位你真正欣赏的作家、艺术家或社会活动家，研究关于他的一切，然后摸索出他所推崇的三位大咖，再研究与三位大咖相关的一切。尽可能多地重复这个过程。在这棵谱系树上攀援生长，尽你所能，爬得越高越好。当你亲手种下一棵树，

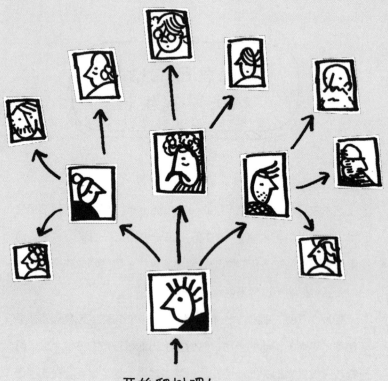

你就能看到它开枝散叶了。

你可以将自己看作创意大师的后代,这样可以帮你减轻新手上阵单打独斗的畏缩感。你可以将自己最喜欢的艺术家的作品挂在工作室,它们就像友好的精灵。当你猫着腰伏案工作时,几乎能感觉到它们正推着你向前。

和那些已经逝去或是遥远的大师"交往"最妙的莫过于,他们无法拒绝你成为他们的门徒。你可以从他们身上学到任何你想学的东西。他们早就将各自的"教案"融入其作品之中。

开放思维

深入 阅读

保持 好奇心

学会 搜索

学无止境

学校是一回事,而受教育是另一回事。二者绝不能一概而论。无论你是不是在校生,都要保持学习的状态。

你要对周遭世界保持好奇心,多动手查查资料,追查每一条参考文献。你要比别人花更多功夫,这样你才有可能出人头地。

放手去"搜索"吧。搜你想搜的一切。在网上搜索你的梦想,搜索你的疑问。在你上网搜索之前,不要对问题轻易提出质疑。要么你能找到问题的答案,要么你能想出一个更高明的问题。

保持阅读习惯,经常光顾图书馆。当你坐拥书城时,能感受到一种魔力。当你沉迷于书海,阅读参考文献,刚开始读什么并不重要,重要的是一本书会引导你去读下一本。

即使你没把阅读提上日程,可以先把书买回来收藏。没有光顾过的图书馆,堪比宝库;没开封的书,价值无穷。

做研究就别有太多顾虑。放手去做吧!

"不管我是否身在校园,我都会一直学习。"
——罗伯特·菲茨杰拉德·迪格斯(RZA),
美国饶舌歌手、音乐制作人

保存好你"偷"来的创意,以备不时之需

无论你去哪里,都记得随身带上本子和笔。养成随时随地记录的习惯,写下你的想法以及你所观察到的事情。抄写书里你觉得最精彩的段落,就算无意中听到的"八卦"也有料,甚至打电话闲聊时也可以涂鸦。

尽可能保证纸、笔不离身。艺术家大卫·霍克尼(David Hockney)将西服外套的所有口袋都做了特别剪裁,以便能放下速写本。音乐家阿瑟·罗素(Arthur Russell)喜欢穿前侧有两个口袋的衬衫,这样他可以随手塞几张乐谱。

创建一个"宝贝文件夹"（swipe file）。正如它的名字给人的感觉——这个文件夹记录了你从别人那里搜罗来的"宝贝"。这个文件夹可以是电子的或类似的智能产品——不管何种形式，只要能用就行。你需要一个剪贴簿，将剪切下的素材粘贴在上面，或者你可以直接用手机拍下来。

看看哪些创意值得去"偷"，将这些保存在"宝贝文件夹"里。当你需要灵感时，就打开它来寻寻宝。

新闻记者将这类文件夹称为"停尸档案"（morgue file），我觉得这个名字更形象。停尸档案用来存放消亡之物，而你在随后的创作中让它们"起死回生"。

"那些不属于你的东西,与其任其荒废,不如据为己有。"

——马克·吐温(Mark Twain),美国小说家

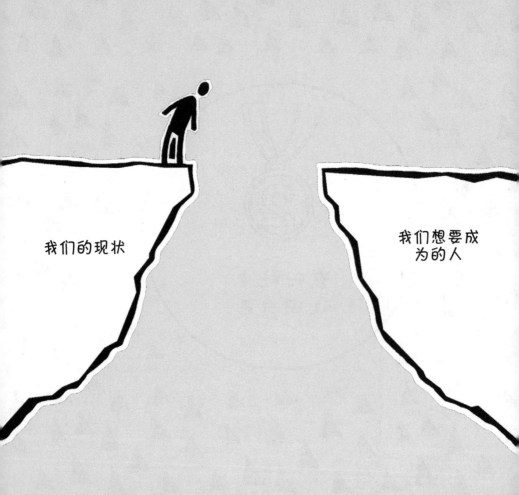

> 脚踏实地，认清自我

如果你要等到认清真实的自己，或者明确目标之后才开始"挖掘创意"，那么，你可能只能坐在那里，试图定位自我，却始终不能认清自我。以我的经验来看，自我是在实践和工作中逐渐认清的。

你已经准备好了，开始操刀吧！

万事开头难，你可能会心存畏惧，这很正常。但凡受过教育的人，都会有这种感受，这就是所谓的"冒名顶替综合征"（impostor syndrome）。

这种症候群在临床上被定义为"人们无法将自己的成就内化的心理现象"。也就是说,你觉得自己像个骗子,只是在即兴发挥,但事实上你并不知道自己在做什么。

猜猜看,谁真正知道自己会取得什么成就呢?原来大家都两眼一抹黑。你可以去问问那些真正从事创意工作的人,他们会如实告诉你:他们自己也不知道那些好点子从何而来,他们只做自己分内的事,日复一日地工作罢了。

装腔启示录：成功，从伪装开始

不知你有没有听过这种演剧风格？这是威廉·莎士比亚（William Shakespeare）400年前在戏剧《皆大欢喜》（*As You Like It*）中提到的：

世界是个舞台，

男男女女都不过是演员：

他们登场、退场，

一人一生扮演多个角色。

那么，换一种说法呢？**成功，从伪装开始。**

这个说法，我真的爱了，对于装腔有两种解读：

1. 在真正成功之前，你要一直假装成功，直到每个人都以你期待的方式看待你；
2. 假装在某个领域深耕，直到你确实有所收获。

这两种说法，我都很喜欢——你不满足于手头现有的工作，为了得到更理想的工作而去"乔装打扮"，你要为你自己将来想做的工作付诸行动。

我也很喜欢音乐人帕蒂·史密斯（Patti Smith）的小说《只是孩子》（*Just Kids*），这本书讲述了两个想成为艺术家的朋友在纽约的经历。你知道他们是如何成为艺术家的吗？

"起初只是个江湖骗子,这把戏玩着玩着就成真了。"

——格伦·奥布莱恩(Glenn O'Brien),作家

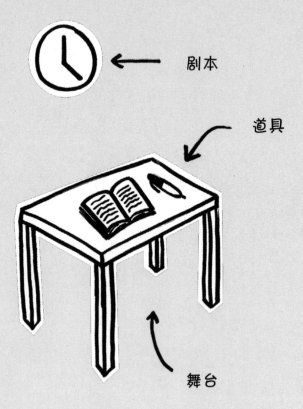

在我最喜欢的那个情节中,他们将自己装扮成艺术家,而这本书也因此得名:帕蒂·史密斯和她的摄影师朋友罗伯特·梅普勒索普(Robert Mapplethorpe)盛装打扮,穿得像个嬉皮士,来到人气很旺的华盛顿广场公园。一对游客老夫妇好奇地盯着他们,老太太对老先生说,"天呐,快拍下来,我看他们是艺术家。""别闹了,"老先生摇摇头说,"他们只是孩子。"

划重点:整个世界就是一个舞台,创意工作就是戏剧的一种,你的工作室、书桌、工位就是舞台。演出行头呢,就是你的全套装备,你画画穿的裤子、你的职业装,或是那顶赋予你灵感的搞笑礼帽。道具即是你所用的素材、工具以及创作媒介。剧本则是平平无奇的旧时光:时而在这里,时而在那里。不过是随着光阴的推移,记录下的往昔。

成功,从伪装开始。

从模仿开始

没有谁出生就自带某种风格或者腔调。呱呱坠地时，我们一无所知。初来乍到，我们将自己伪装成心目中的偶像，在模仿别人的过程中了解世界。

我们在此讨论的是模仿，而不是剽窃——剽窃是把别人的作品冒充成自己的，而模仿则是逆向工程，就像机械工程师将一辆车拆开，仔细推敲它是如何运作的。

我们通过临摹字帖学会书写，乐者通过练习音阶学会演奏，画家通过描摹名家作品练习技法。

人类不可能仅仅凭借双手达成完美复制。

你可能想象不到，就连披头士（The Beatle）这样的"天花板级"乐队也是从翻唱起家的。乐队成员保罗·麦卡特尼（Paul McCartney）曾说："我模仿过巴迪·霍利（Buddy Holly）、摇滚乐之父小理查德（Little Richard）、杰瑞·李·刘易斯（Jerry Lee Lewis）和"猫王"埃尔维斯·普雷斯利（Elvis Presley）。这些人我们通通模仿过。"麦卡特尼和约翰·列侬（John Lennon），二人在后来的合作中成就了史上最伟大的唱作乐队，但据麦卡特尼回忆，他们刚开始写自己的原创歌曲的时候，只是想要"规避其他乐队演唱他们的曲目"。正如西班牙画家萨尔瓦多·达利（Salvador Dalí）所说的，"不屑于模仿之人，往往也不善于创造"。

首先，你必须清楚你要模仿谁。其次，你要明确自己模仿些什么。

确定模仿对象不是难事。你可以模仿自己心目中的偶像——那些你喜爱的、崇拜的以及你想要成为的人。英国新浪潮音乐大咖尼克·罗威（Nick Lowe）说过，"你要从重写偶像名录开始着手"。

你并不是单纯模仿其中一个偶像，你要向所有偶像学习。美国剧作家威尔逊·米茨纳（Wilson Mizner）说过，如果你模仿一个作家，就是剽窃；但如果你效仿很多作家的创作，那就叫研究。我曾经听漫画家盖瑞·潘特（Gary Panter）说："如果你自己的作品只受到某一位艺术家的影响，所有人都会说你只是步他后尘。但如果你从100位艺术家那里偷灵感，那么每个人都会说，你的作品是实打实的原创。"

至于要模仿些什么，这就要费点脑筋了。不仅要"偷"肉眼可见的风格，更重要的是要学到这种风格背后的创作思路。就像你"伪装"成自己的偶像，不要让人看起来徒有其表，还要有点睛之笔、传神之处。

之所以要模仿偶像的作品及其风格，原因就在于你可以借此窥探到他们的思维方式。这才是你真正需要的——将他们的世界观内化于心。如果你只做表面功夫，肤浅地模仿而不深入理解其创意源泉之所在，那么你的作品只会是一种拙劣的仿制品。

"大胆去模仿你所喜欢的一切吧,不断模仿、模仿、再模仿。最后你会在模仿中找到属于你的风格。"

——山本耀司(Yohji Yamamoto),日本设计师

模仿绝不是刻意迎合

某些时候,你需要从模仿偶像,逐渐过渡到与偶像对标。模仿相当于复制,而对标与其相比,则更近了一步。这是一个不断将自我打破再重塑的过程。

篮球巨星科比·布莱恩特(Kobe Bryant)坦言:"球场上没有新动作。"他在场上的所有动作,都是他观看偶像比赛录像偷师学来的。然而起初,当科比偷学来一系列动作之后,他意识到,他之所以无法在赛场上将这些学来的动作运用自如,是因为他与这些体坛大咖的体能根本不是一个量级的。他需要将这些动作做出调整,

"我们希望你从我们这里有所收获。起初,你想从我们这里'偷师'学些什么,因为你不得要领,所以根本学不到精髓。你只能得到我们正面传授给你的,然后将其融入创作之中,塑造出自己的风格。这才刚刚开始,直到有一天,你会发现,自己身后也有了追随者。"

——弗朗西斯·福特·科波拉(Francis Ford Coppola),电影《教父》导演从而为己所用。

脱口秀主持人柯南·奥布莱恩（Conan O'Brien）谈到，喜剧演员尝试模仿他们的偶像，最后都以失败告终，不得不做回自己。约翰尼·卡森（Johnny Carson）在成为杰克·本尼（Jack Benny）的路上渐行渐远，最后还是无法撼动自己的风格。大卫·莱特曼（David Letterman）想要复制约翰尼·卡森（Johnny Carson）的闪光点，但还是摆脱不了自己的烙印。柯南·奥布莱恩试着复刻大卫·莱特曼的成功，最终前功尽弃。用奥布莱恩的话说，"正是我们对偶像效仿的失败，才让我们重新找回自己，使我们与众不同。"真是谢天谢地。

正是人类身上恰到好处的缺陷，使得我们无法将模仿做到如出一辙。我们之所以在模仿偶像的路上败兴而归，就在于我们在这个过程中发现了自身的特质，这也是人类不断进步的原因所在。

所以，去模仿你的偶像吧。审视一下自己的短板所在。究竟是什么才能让你在人群里与众不同？这才是你应该放大的优势，并且将个

高明的剽窃	VS.	拙劣的剽窃
载誉前行		一败涂地
钻研学习		敷衍了事
效仿多人		偷学一人
获得认可		抄袭败露
改头换面		单一模仿
重新整合		照搬照抄

"我从那些伟大的球员身上偷师学到的那些动作,我只想让这些前辈以我为傲,毕竟他们让我受益匪浅。所有一切都以篮球比赛之名,这些比我个人的意义重要得多。"

——科比·布莱恩特(Kobe Bryant),NBA球星

性转化到自己的作品中。

最后还要再提一句,模仿偶像并不是在刻意迎合他们,将他们的经典创意融入自己的作品,才是对他们的致敬。以你独一无二的方式,为这个世界献出一部找不到"平替"的作品吧!

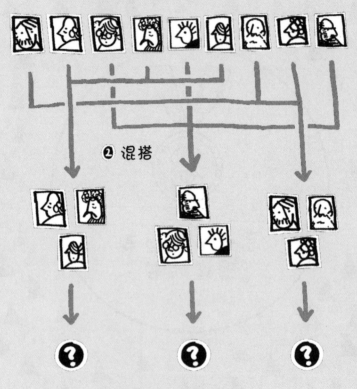

写你喜欢的故事

我十岁生日那天,电影《侏罗纪公园》上映了,我被故事情节深深吸引。当我走出影院,已经迫不及待想看续集了。第二天,我就打开家里那台"老爷机"开始了创作。我构思出这样一个桥段,看守员被迅猛龙吃掉之后,他的儿子和公园缔造者的孙女一起回到了小岛。他们中有人意图毁掉公园,还有一拨人想把它保留下来。当然,最后他们坠入爱河,并开启了新的探险之旅。

当时的我还不知道,我所写的就是现在所说的"同人小说",也就是基于现有角色创作的虚构故事。

十岁的我把故事存到硬盘里。几年后,《侏罗纪公园2》上映,但太令我失望了。和大众对续集的花式脑补相比,这个续集确实不尽如人意。

每个初出茅庐的作家到了一定阶段都会遇到同样的困惑:"我该写些什么呢?"标准答案是:"写你自己知道的故事。"但这样的建议只会让他们笔下的故事平淡无奇。

我们之所以创作艺术,是因为我们热爱艺术。我们被某些作品所吸引,是因为我们受到了这些作品的创作者的启发。事实上,所有小说都是"同人小说"。

最好的忠告不是写你熟知的故事,而是写你喜欢的故事。写出那些你最喜欢的故事——写你自己想要去读的故事。这条建议也同样适用于你的个人生活和职业生涯:当你对下一步该怎么走感到茫然而不知所措时,就问问自己:"怎样才能写出一个更精彩的故事?"

猎鹿人(Deerhunter)乐队的成员布拉德·考克斯(Bradford Cox)说过,他小时候还接触不到互联网,当他喜欢的乐队发布新

"我做音乐的乐趣在于,创作出前所未有的悦耳之音。我会将各种新奇的元素整合起来,这样的作品绝对令人耳目一新。"

——布莱恩·伊诺(Brian Eno),英国音乐制作人专辑的时候,不得不等到官方发布那天才能听到新歌。他经常玩这样一个游戏:他会依照自己对新专辑的期待,录一个"山寨版"。当新专辑正式发布时,他会拿自己写的歌与专辑中的歌进行比较,后来这其中的很多歌都成了猎鹿人乐队的作品。

当我们喜欢某部作品时,就会对它怀有更多期待,对续集翘首以盼。为何不将这种渴望转化为创作力呢?

想想那些你喜欢的作品和你崇拜的创意大咖。他们错过了什么?还没有做到什么?如何还能做得更好?如果他们依然健在,如今还能创作出什么样的作品?如果你喜欢的艺术家珠联璧合、"梦幻联动",他们会带领你和整个团队创作出什么?

放手去做吧。

道理就是如此:画出你想画的画作,经营你自己的事业,创作你喜欢听的音乐,写你想看的书,设计出你想用的产品,一言以蔽之,脚踏实地去做,梦想才能照亮现实。

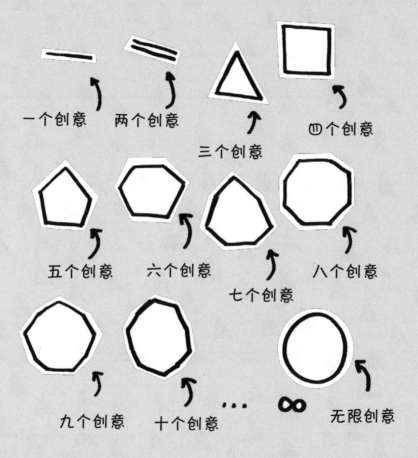

"我们不知道自己的灵感从何而来。但可以肯定的是,它绝不来自我的笔记本电脑。"

——约翰·克里斯(John Cleese),英国喜剧大师

和电脑保持距离

我最喜欢的漫画家琳达·巴里（Lynda Barry）有句名言："在数字时代，别忘了你自己的手指头！"你的双手就是现成的电子设备，好好发挥它们应有的价值。

虽然我对电脑情有独钟，但也正是电脑剥夺了我们创作的真实感。取而代之的是，我们所做的只不过是敲击键盘、点点鼠标而已。这就是为什么所谓的脑力劳动看起来如此抽象。艺术家斯坦利·唐伍德（Stanley Donwood）曾为电台司令乐队（Radiohead）操刀设计了他们所有的专辑封面，他认为，电脑正在疏远我们与现实世界的交流，正是这一片电子屏将你和外界正在发生的一切隔离开来。"除非你把它打印出来，否则你永远无法真切地触摸到自己的创作。"

你好好观察一下那些坐在电脑前工作的打工族就知道了。他们一动不动，寸步不离。你不需要参考任何科学研究的论断（当然，确实有很多与此相关的研究）就知道，整天坐在电脑前，和慢性自杀没什么两样，长此以往还会扼杀你的创造力。我们需要动起来，事实上我们不只是在动脑，而是举全身之力去促成创作。

仅仅依靠脑力劳动并不可取。听一场杰出音乐家的演奏，身临其境感受一下伟大领袖的现场演说，你就会明白我的意思了。

你需要找到一种调动全身参与创作的方法。我们的神经系统不是一条单行道——我们的身体和大脑之间是声气相通的。"走过场，敷衍了事"，你听说过这个说法吧？这就是创作的精妙之处：漫不经心地弹吉他，在会议桌旁来回摆弄便利贴，或者随手揉捏黏土，这些不经意的小动作都可能激发大脑思考，从而推动创作。

仅仅依靠脑力劳动并不可取。

"我已经在那四四方方、闪闪发光的电脑屏幕前耗得太久了。让我们多花点时间活在真实世界里吧……种种花草、遛遛小狗,读一本实体书,再去剧院看看戏。"

—— 爱德华·塔夫特(Edward Tufte),美国信息设计先驱当我在大学里参加创意写作工作坊时，我们所写的一切作品，其格式都需要设置成双倍行距以及新罗马字体。当时我写出来的东西，连我自己都嫌弃，写作对我来说已然毫无乐趣可言。诗人凯·瑞恩（Kay Ryan）说："过去，在创意写作课这个概念诞生之前，工作坊就是这样一个场所，通常是堆满各种工具的地下室，在那里，你可以拉扯锯木，用锤子敲击，拿钻头钻孔，或者规划任何事情。"作家布莱恩·凯特利（Brian Kiteley）曾尝试将自己的工作室还原成起初最朴素的样子："一个光线充足、空气通透的房间，里面堆满了各种工具和原材料，大多数工作都靠动手完成。"

当我开始将手工工具重新带入创作过程中，写作带给我的快感又回来了，我的作品才开始有了起色。在创作第一本书《涂黑诗集》（*Newspaper Blackout*）时，我尽量在每个环节都亲力亲为。书中的每首诗都是用剪报和马克笔完成的。这个创作过程唤起了我的多重感官：新闻纸的质感触手可及，视线游走在字里行间，马克笔的笔尖在书写时发出轻细的吱吱声，墨水的气息扑面而来——仿佛一种魔力缭绕其中。当我创作诗歌的时候,我感觉自己不是在工作,而是在玩儿。

不可否认的是,在电脑上编辑创意确实不错,将你的创意发布出来,传播到世界各地也很方便。但是电脑在创意产出上显然不灵光。很多时候,你会在不经意间按下删除键。电脑唤醒了我们内在局促不安的完美主义基因——在形成完整的创意构思之前,我们就开始在键盘上输入编辑了。漫画家汤姆·高尔德(Tom Gauld)说过,他只有在完成连环画的构思雏形之后,才会使用电脑,因为一旦打开电脑,"所有落地的想法就不可避免地趋向尾声。然而在我的速写簿上,创意永无止境,一切皆有可能"。

在为《涂黑诗集》这本书里的诗作排序时,我将所有作品都扫描到电脑里,然后又把它们打印在了小纸片上。我将这些纸片贴满办公室,重新分类归档后,再堆到一起,继而按顺序重新输入电脑。这本书就是这么做出来的——动手在前,电脑跟进,然后再交替上

数字
办公区

手工
作坊区

我的工作室

场。这是一个从手工到电子的循环。

我现在就是这样工作的。我的办公室里有两张桌子——一张做手工用,一张专门放电脑。手工作坊区的桌子上,只有马克笔、钢笔、铅笔、纸、索引卡和报纸,没有任何电子设备。我大多数创意作品就在这里诞生。这张桌上满是创作过程中留下的痕迹、碎片和残渣(不像硬盘,纸张不会崩溃宕机)。数字办公区摆放着我的笔记本电脑、显示屏、扫描仪,以及手绘平板,我就是在这里录入并发布作品的。

试试看,如果你有足够的空间,放两张工作桌——一张专门用来做手工,一张放电脑。在你做手工的桌子上不要放任何电子设备。带上几十块钱,去附近的文具店,挑选一些纸张、钢笔和便利贴。当你坐回到手工桌前,假装现在是手工时间,在纸上随意涂鸦,把它们裁剪下来,然后再重新贴到一起。工作的时候尽量站着,将随时写下的创意和灵感用大头针钉在墙上,逐渐领会其中的规律。在你的工作室里贴满这些一闪即逝的创意点,然后分门别类,创意就会从中脱颖而出。

  一旦你有了灵感,你就可以移步到数字办公区,用电脑帮你执行一系列的操作,并且对外发布。当你失去创作动力时,再回到手工桌前玩一会儿吧。

"你在拖延的时候所做的事情,很可能是你余生都要面对的。"

——杰西卡·希什(Jessica Hische),美国平面设计师

拖延也高效

在我短暂的职业生涯中,我领悟到了一个道理:发展副业(side projects),真的有前途。这里所说的副业,就是你一贯认为只是用来打发时间、纯粹消遣的事情,然而,这些事情才是真正有价值的,甚至能创造出意想不到的奇迹。

我觉得,多线开工确实很爽,这样你可以在不同项目之间切换。当你对其中一个项目感到厌倦,可以换一个继续进行;当你又开始反感手头工作的时候,再回过头来做之前那个项目。这种多线开工治拖延症刚刚好,在来回切换中,你也可以保持高效状态。

花点时间做些无用之事，也没什么不好。有次我听一位同事说："一忙飞了，我就会变傻。"可不是这样嘛。做创意的人需要时间坐在那里发呆，哪怕只是坐在那里放空自己。我无聊的时候总会想出一些好点子，所以，我从不把衬衫送去干洗。我喜欢自己熨衬衫——熨衣服确实很无聊，但我总能在这个时候想到好点子。如果你觉得自己挖空心思也想不出好的创意，那你不如去洗洗碗，或者干脆出门遛个弯儿，实在不行盯着墙上某个点发会呆，能盯多久就盯多久。正如当代美国享负盛名的插画家卡尔曼（Maira Kalman）所言："逃避工作，是我集中精力的一种方式。"

花点时间放空思绪，放飞自我，东游西逛。你永远不会知道自己会被稀奇古怪的想法带向哪里。

在成为自己的路上，不要轻易"断舍离"

如果你同时热衷于两三件事情，千万别强迫自己在它们之间做出取舍，不要随便抛下任何一件你自己喜欢的事情，用你一生的热爱点燃不灭的激情。这是我从剧作家史蒂芬·汤姆林森（Steven Tomlinson）那里学到的。

汤姆林森建议，如果你兴趣广泛，理当多花点时间沉浸其中。"你喜欢的事情在相互碰撞交融中，可能会发生一些意想不到的事情。"

问题在于，你大可砍掉几个爱好，在一个兴趣上多投入点精力，

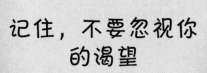

记住，不要忽视你的渴望

但久而久之,你就会有"幻肢疼痛"(phantom limb pain)感①。

少年时期的我沉迷于词曲创作,也爱上了玩乐队,但后来我觉得自己应该专注于写作,所以在接下来的五年,我都没有再碰音乐。这种挥之不去的"幻肢疼痛"感也愈发强烈了,整个人的状态每况愈下。

大约在一年前,我又开始恢复排练,参加乐队演出。现在的我档期满满,觉得自己非常充实。最令人兴奋的是,音乐非但没有干扰我的写作,二者的互动反而相得益彰——我能感觉到,大脑的神经细胞在燃烧,写作与音乐碰撞出的火花层出不穷。与我共事合作的朋友当中,有一半是音乐家(这在美国得克萨斯州的奥斯汀并不罕见),而且他们本来并非"创意达人"——他们当中很多人是客户经理、开发商等诸如此类的从业者。但是,他们有一个同样的体

---

① 16世纪美国南北战争后,被誉为"现代外科之父"的法国外科医生安布鲁瓦兹·帕雷(Ambroise Pare)发现,士兵在截肢以后大多会问"截去的肢体,为什么还隐隐作痛?",由此命名了"幻肢痛"。被割舍的爱好一时难以了断,犹如幻肢痛。

会：音乐为他们的工作注入了灵感。

有一个属于自己的兴趣爱好是人生之所幸。爱好是专属自己的创意活动。你不是借助爱好赚钱或出名，而只是为了享受其中的乐趣。爱好从来都只会给予，而不会索取。我的艺术品是给全世界看的，而我的音乐只是为了自己和朋友们分享。每个周末，我们都会聚在一起，酣畅淋漓制造几个小时的噪声。没有压力，也没有计划，仿佛重获新生，如同去教堂做礼拜。

在成为自己的路上，不要轻易"断舍离"。不要担心你的作品过于繁杂无法把控，或者苛求非要实现一个统一构想，不用考虑如何将七零八碎的项目整合起来——你要做的是将手头所有工作串联成一个整体。有朝一日，当你回首往昔，你会发现一切都是自然而然、顺理成章的。

"虽然你现在可能看不见未来,但在未来的某个时刻,当你蓦然回首,这个'未来'便是你曾经的点点滴滴,你的成就作为。"

——史蒂夫·乔布斯(Steve Jobs),原苹果公司总裁

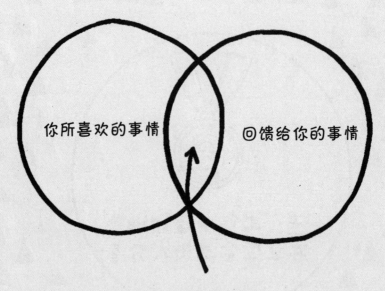

刚出道时默默无闻并非坏事

我收到过很多年轻人的邮件,他们总会问我:"怎样才能让行业大咖发掘到我?"

我的确很同情他们。很多人大学毕业之后,可能会经历一段低潮期。课堂是一个美好又矫情的地方:教授们关注你的想法,才能赚到报酬;同学们为了听你大发感慨,还要专程支付学费。而你以后可能都不会有这么多"忠实"的听众了。

不过很快,你就会发觉,世界上大多数人并不在乎你在想什么。虽然听上去很残酷,但这是事实。正如作家史蒂芬·普莱斯菲尔德

(Steven Pressfield)所言:"这并不意味着人们多么吝啬刻薄或太过残忍,他们只是太忙了,抽不出时间去考虑这些。"

事实上,这也不失为一件好事,因为只有你创作出了真正出彩的作品,才会期待得到别人的关注。当你还没有在业界崭露头角、默默无闻的时候,就不会有太多压力,你可以做任何你想做的事情。放手一试吧,就算是图一乐儿也值得。当你还是个无名小卒的时候,没有什么让你分心的事情,你会变得更好。当然,那时的你没有偶像包袱,也不用刻意经营公众形象。没有流量,自然拿不到高额片酬,坐不到股东的位置,收不到经纪人的邮件,也不会被前来膜拜的人们团团包围。

一旦人们开始关注到你,尤其是他们想要掏腰包去买你的作品的时候,你就再也做不回以前的那个自由人了。

所以,尽情享受,好好利用这段默默无闻的时光吧。

算不上秘籍的"走红"法则

如果世上真有一部《走红秘籍》,那我一定不会自己藏着掖着,绝对会拿出来分享给大家。但事实上,我只知道一个算不上秘籍的"走红"法则:在工作中深耕细作,并且学会与他人分享。

这条路可以分两步走。第一步,"在工作中深耕细作",毋庸置疑的是,这一步会走得异常艰辛,而且没有捷径可循,唯有每天持之以恒地去努力。你可能会遭遇瓶颈,跌落低谷,甚至一蹶不振,看不到人生翻盘的可能,然后置之死地而后生。第二步,"学会与他人分享",这话如果放十年前,操作起来还真是一头雾水,现在来看再容易不过了:"把你的作品发到网上就大功告成了。"

那些年轻人可能还会问:"那么互联网又有什么我们不知道的套路呢?"

第一步:对某些事情产生好奇心。第二步:邀请其他朋友与你一起探索未知领域。你应该思考那些别人看来习以为常的事情,如果所有人都在研究苹果,那你去琢磨一下橘子,别扎堆儿就是了。你越是敞开心扉和朋友们分享你对作品投入的热情,越能拉近观众与你作品之间的距离。艺术家不是魔术师,揭晓自己创作中不为人知的秘密也不会有所损失。

信不信由你。我从艺术家鲍勃·鲁斯(Bob Ross)和"家政女王"玛莎·斯图尔特(Martha Stewart)那里获得了很多启发。不知道你还记不记得鲍勃·鲁斯,就是美国公共广播公司(PBS)《快乐画室》节目里,那个顶着爆炸头教观众画小树的艺术家。鲍勃·鲁斯毫不吝惜地向电视机前的观众传授自己的绘画秘籍。玛莎·斯图尔特则是教大家如何把家营造得更温馨,让生活变得更美

第一步:对某些事情产生好奇心

第二步:邀请其他朋友与你一起探索未知领域

好。她也非常喜欢分享家居心得。人们总是乐于听你爆料自己的独门秘籍,如果你说得头头是道,他们就乐意花钱买你推荐的东西。

当你敞开心扉向别人分享自己的创作过程,同时邀请大家一起参与的时候,你也会有所收获。很多人把自己写的诗作发到我的《涂黑诗集》图书网站,我也从中得到了很多创作灵感。我还意外发现了很多可以偷师的点子。我和他们一样,受益匪浅。

你不能只在有话要说的时候才上网——你也可以主动上网寻找话题。如今,网络不仅仅是一个发布成熟观点的平台,它还是尚未成形想法的孵化器,助力推进那些还没着手创作的作品。

很多艺术家担心,花太多时间上网会耽误他们创作,但我觉得,经常上网也是一种变相激励。大多数网站和博客的设置都是按照时间倒序显示的——也就是说,浏览者打开网页看到的第一个帖子就是最新的帖子,所以你最新发布的作品至关重要,这意味着网友对你的初印象,如果他们觉得好的话,就会追看。这无疑激励着你的创作保持"在线"状态,你会不停地思考接下来要发布什么作品吸

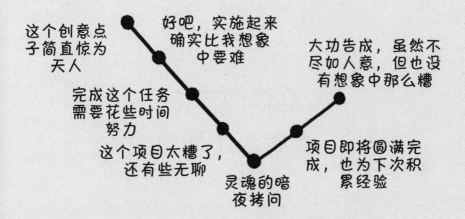

分享你的想法，
点到为止即可

引更多的粉丝围观。社交平台就像一个空盒子,激励着我们将其填满。这些年来,每当我迷失方向的时候,我就会看看自己的网站,然后问问自己:"我还能往里面装些什么进去呢?"

学点编程,搞明白如何创建一个网站;琢磨一下怎么写博客,顺便再规划一下如何运营社交媒体以及类似的平台。在网络上找到与你志趣相投的朋友,并与他们建立起联系,和他们多多分享和交流。

你不需要和别人分享所有——事实上,有时不分享或许会更好。你只需要把你正在着手做的给他们"露一手"就可以了,分享一幅速写草图、涂鸦或工作的片段,让别人领略一下你在创作过程中的"花絮"即可。想一想你能分享的且对别人来说有价值的东西,和大家说说你在工作时发现的小诀窍或者其他值得一提的事情,也可以提一下你最近正在读的一本好书。

如果你担心这样做会泄露你的隐私,你大可发布一些碎片化的观点,点到为止即可。毕竟是你亲自按下提交发布键,分享什么内容以及透露多少消息都由你决定。

"不要过多地担心别人会偷你的创意。如果你的创意确实有可取之处,那就任由别人欣然接受吧。"

——霍华德·艾肯(Howard Aiken),第一台计算机的制造者

打造属于自己的世界

童年时的我,在俄亥俄州南部的玉米地里长大。小时候最想做的事情,莫过于出去走走,看看家乡以外的世界。

现在,我住在得克萨斯州的奥斯汀。在这个时尚气息十足的城市,艺术家和各种创意设计随处可见。但你可能有所不知,我认识的导师和同行大多不住在这里,他们散布在世界各地,我是通过网络结识他们的。

也就是说,我与艺术有关的思考、交流,以及和艺术界同行的联络大多数是在网上进行的,地域产生的距离不再是问题。

你可以足不出户，与你向往的圈子建立联系。如果你觉得自己所在的地方太过压抑，或者觉得自己太年轻／岁数大了，抑或是囊中羞涩，又或者觉得自己在某个地方被束缚住了发展，鼓起勇气振作起来吧，总会有一群人和你志趣相投。

与此同时，如果你自己生活的环境与你设想的格格不入，你也可以亲力亲为打造一个属于自己的世界。[现在正是时候，你可以戴上耳机，播放著名乐队"海滩男孩"（Beach Boys）的歌《在我的房间里》（In My Room）。]让你自己喜欢的书和各种用起来得心应手的好物围绕在你左右，在墙上贴一些自己喜欢的画、偶像照片之类的，营造一个属于你自己的世界。

卡夫卡曾这样写道："你没必要离开家，只需坐在书桌前聆听；或者不必聆听，只需等待；其实也无须等待，只要独自静坐在那里，整个世界便尽在眼前了。"这可是互联网诞生一百年前，卡夫卡的感悟！

你只需要一个小小的空间和一点时间——说白了，也就是那个

享受被束缚的感觉

地方可以给你开展工作的空间，专时专用，享受孤独和短暂的约束。如果你所生活的环境无法实现这一点，你可以去户外寻求这种孤独和禁锢感。在我小时候，妈妈经常拉着我去大型百货商场。她在购物之前，会先领着我去书店，买下我想要的书。然后，不管我们走到哪家店，我都会找个椅子坐下来，在她买东西的时候，我就去读刚入手的书。这种见缝插针的沿街阅读持续了很多年，我也读了不少书。

现在的我有了私家车，手机随身携带，与他人保持着密切联系，再也无法享受独处和被束缚的感觉了。因此，我有时会特地乘公交车通勤，尽管自己开车要比坐公交车快 20 分钟；我经常去的那家理发店，客人谁先到谁先理发，连无线网络都没有，所以也不提供在线预约服务。他们家虽然人手有限，但生意不错，有时一等就是几个小时。到了机场，我通常会合上笔记本电脑，到图书馆逛逛。

我总会随身带一本书、一支笔，还有一个笔记本，因为我始终留恋一个人独处的时光，享受短暂的束缚感。

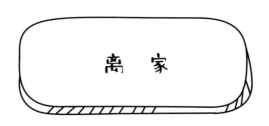

离家

我们现在有感而发,虽然地域不再是阻碍,但并不意味着它不再重要,我们选择住在哪里,仍然会给我们的工作带来重大影响。

如果有机会的话,你可以走出家门,出去看看。当然,你可以随时回家,但是你至少要出一次门。

当你每天重复着相差无几的生活,你的大脑会因为过于舒适而陷入一种惯性。你要摆脱这种安逸感,就需要花时间出门,去别处看看,和那些与你做事风格完全不同的朋友相处试试。旅行能让你对世界的认知焕然一新,当你发现了崭新的世界,工作也会更加有动力。

我是幸运的,在即将 20 岁的时候,我曾在意大利和英国生活过一段时间,那段岁月改变了我的人生。但我要说明的是,想要体验异域文化,不一定非要远渡重洋或者去其他国家生活。我和大多数和我一样在俄亥俄州长大的朋友都不约而同地认为,得克萨斯州和火星没什么两样。

如果我们必须离开家,那么我们应该去向何方?我们应该选择生活在哪里?确实有很多因素需要再三考虑,而所有这些都由你的个人喜好来决定。就我个人而言,我觉得,恶劣的天气更能催生出好作品。因为天气不好,你不想出门,待在屋里创作即是不二之选。当我住在克利夫兰的时候,严冬那几个月里完成了不少作品;而在得克萨斯州,酷暑天大汗淋漓就是工作的常态。(克利夫兰的冬季和得克萨斯的夏季时长几乎一致——整整半年。)

和有趣的人一起共事确实有所启发,如果他们和你不在同一个领域就更妙了。如果只和作家、艺术家一起出街,会让我觉得交往

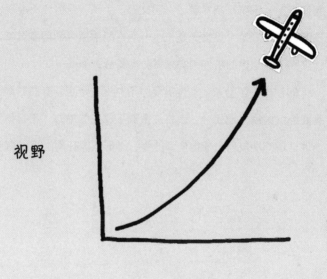

有些过于封闭，感到不自在，所以我更喜欢和生活在奥斯汀的电影制作人、音乐家和技术咖在一起交流。当然，吃饭也不能凑合，你住的地方最好是个美食天堂，这个地方能激活你的创意灵感，扩大社交圈子，与你的精神和实际需要相契合。

即使搬到了新家，你也需要时不时出去走走。有些时候，你还需要继续搬家。现如今，就算你搬离了原先的地方，不得不告别在当地认识的朋友们，值得庆幸的是，你们还能在网上互通有无。

"距离和变化是创意的秘方。当我们回到家的时候,家还是老样子,但我们的想法却发生了变化,这种变化也会改变一切。"

——乔纳·莱勒(Jonah Lehrer),美国畅销书作家

> 广交朋友，
> 无视敌人

我留在这里只有一个目的：
到这里交朋友。

  这条黄金法则在当今的社交网络时代弥足珍贵。有个血的教训需要你谨记：如果你在网上议论别人，迟早会让他们发现，"人肉搜索"如今并不罕见。在网上征服敌人的最好办法是什么？必然是无视他们。什么才是网络交友的法宝？多多美言几句，总没坏处。

"我只知道一条原则：与人为善。"
——库尔特·冯内古特（Kurt Vonnegut），美国作家

与天才为伍

还记得之前说的那句"输入决定输出"吗?你需要和你周围那些优秀的人们对标。在数字化时代,"对标"就意味着关注网上脱颖而出的人——那些人比你聪明、比你更胜一筹,而且这些人从事的工作确实很有趣。你应该关注他们在谈论什么、他们在做什么、他们还与哪些人有交集。

你需要:
———————————————

- ☐ 好奇心

- ☐ 善意

- ☐ 耐力

- ☐ 大智若愚

哈罗德·雷米斯（Harold Ramis）是我们那个时代最著名的导演和演员之一，因在电影《捉鬼敢死队》（Ghostbusters）中饰演埃贡这一角色而被人们所熟知，他曾这样讲过自己的成功秘诀："你要找出自己所在圈子里最有才的人，如果这个人不是你，那就去接近那个人。与他一起出去见见世面，会对你个人的发展有帮助。"雷米斯是幸运的，他在圈子里认识的最有才的人，正是他的朋友，集演员、导演、编剧、制作人于一身的比尔·默瑞（Bill Murray）。

如果你发现圈子里最有才的人就是你自己，那你就需要换个圈子再看看。

"在我的生活圈子里，几乎所有人都值得我学习。"
——奎斯特拉夫（Questlove），爵士乐队（The Roots）鼓手

"别当'键盘侠'了，去做点正经事！"

人在江湖，你总会遇见让你不爽的人，然后觉得有必要去教训他们一下。有天晚上，我在电脑前熬到很晚，妻子对我大喊："别当'键盘侠'了，去做点正经事！"

她说的没错。对我来说，发怒是我的创意源泉之所在。演员亨利·罗林斯（Henry Rollins）曾说过，他生气的时候也燃起了好奇心，这是推动他不断前进的动力。有时，我早上赖在被窝里不想起床，我就躺着看邮件，刷社交软件，直到我感到全身热血沸腾，才

兴奋得从床上跳起来。但是，与其将愤怒浪费在抱怨或者抨击别人上，不如试着将这团怒火燃烧到我的写作和绘画创作中。

所以继续，接着生气吧。但是记住要闭嘴，把一腔怒火"发泄"到创作中去吧。

"如果欣赏不来别人做的软件,那就自己上阵吧。"

——安德烈·托雷斯(Andre Torrez),软件设计师

给偶像写信

年轻时候的我,以粉丝的身份给偶像写过很多封信,很荣幸收到过一些他们的回信,但我意识到,偶像在回复粉丝的来信时需要再三斟酌如何措辞,这无疑会让偶像背上包袱。很多时候,我们给偶像写信,是为了得到他们的祝福或肯定。正如我的朋友休·麦克劳德(Hugh MacLeod)所说:"得到认可的最好方式是不需要认可。"

如果你真的喜爱偶像的作品,其实并不需要他们回复。(如果你的偶像作古已久,那你真的不走运。)因此,我建议你将自己写给偶像的信公之于众，发到网上就是个不错的选择。你可以为你的偶像写一篇博客，顺带着展示一下他的作品，并附上链接。向偶像致敬可以做很多事情：回答他们的问题、解决他们的麻烦，或者改进他们的作品并发布到网上和更多粉丝分享，等等。

你的偶像可能会看到你的作品，也有可能看不到。他们或许会回复你，或许不会。但重要的是，你表达出了你的崇敬之情，而且不求任何回报，与此同时你在追星的过程中还创作出了自己的作品。

创作无须得到他人的许可

对于创意工作,总有这样那样的困扰:当人们发现你作品价值的时候,你要么是无聊得要死,要么已经真的死了(我是说那些艺术家)。你很难直接从外界获得认可。而且一旦作品问世,你无法控制别人的反应。

讽刺的是,真正优秀的作品,往往让别人看起来得来全不费工夫。人们会说:"我怎么就没想到呢?"他们看不到那么多年来你为作品倾注的辛劳和汗水。

"当代艺术＝我能做到＋你做不到。"
——克雷格·丹木瑞尔(Craig Damrauer), 艺术作家不是所有人都能理解这一点。人们可能会误解你和你的作品，他们甚至还会对你破口大骂。所以面对那些误解、贬低或怠慢，也要泰然自若——一个应对的办法就是让自己忙起来，忙到无暇顾及这些流言蜚语。

创建一个"点赞"收藏夹

生命是一场孤独的旅程,沮丧和非议往往扑面而来。的确是这样,但是别在意,停车才需要许可呢,创作没有门槛;但是当你的作品得到别人"点赞"的时候,我们还是会大受鼓舞。

偶尔,我会看见自己的作品有幸登上了热搜,而且还能保持一两周流量在线。我会泡在网上看各种推文,接收大家发给我的邮件,他们对我的作品赞赏有加。这感觉真的太棒了,但也很容易让人迷失方向。这能让我感受到创作带来的快感,但我知道这种兴奋的感觉会逐渐消散,接下来的几个星期,我就会陷入失落,抑郁沉闷,

就像驶入隧道的火车，总要经过一段黑暗，我有时也不明白自己为什么要对流量这种难以捉摸的东西执迷不悟，真是鬼迷心窍了。

这就是我为何要把自己收到的每一封"点赞"邮件收藏在一个文件夹的原因（而那些令人看了不爽的邮件要分分钟删除，眼不见心不烦）。当那些黯淡无光的日子卷土重来，当我需要给自己打气的时候，我就会打开那个文件夹，重温几封珍藏的邮件，然后再回去工作。你可以试试看：与其在负能量的阴霾之下苦苦挣扎，不如创建一个"点赞"收藏夹。当然，别让自己迷失在过去的辉煌和成功里——只在自己需要鼓励的时候再拿出来看看。

> "生活中循规蹈矩、按部就班，创作中才能蓄积爆发力，施展原创才华。"
>
> —— 居斯塔夫·福楼拜（Gustave Flaubert），法国作家

善待自己

不得不承认,我是个有点无聊的家伙,有一份朝九晚五的工作,与我的太太、狗狗惬意地生活在社区里。在大众的刻板印象中,创意天才是那些居无定所、放纵不羁的浪荡子。但只有混入艺术圈子才知道,只有超人或者想英年早逝的人才会过那样的生活。真相是:创造力需要蓄积大量精力。如果你把精力浪费在其他事情上,到创作时就会"电量不足"。

你最好让自己调整到松弛有度的状态。这就是为何帕蒂·史密斯(Patti Smith)告诫年轻艺术家要定期去看牙医。按时吃早餐,做做拉伸运动,抽点时间散散步,保证充足的睡眠。

加拿大摇滚歌手尼尔·杨(Neil Young)的歌词里唱过:"与其苟延残喘,不如灿烂燃烧。"要我说,我宁愿慢慢燃烧,且活且珍惜才能看到儿孙绕膝的那一天。

远离债务

我认识的很多人都不愿在赚钱上挖空心思。就算给自己准备个"备胎"吧,以备不时之需:尽快学点理财知识,总没坏处。

我爷爷过去经常对我爸说:"儿子,重要的不是你赚了多少钱,能存多少钱才是本事。"为你自己做一份预算。学着在生活里量入为出,自带午饭,精打细算,尽可能地多存点钱,在教育上能省就省,少交点"智商税"。省钱的艺术,就是要对消费文化说"不"。不点外卖,拒绝二三十块钱的拿铁咖啡;即便新电脑闪闪惹人爱,但是只要旧电脑不宕机,就先用着。

维持日常工作

事实上,即使你有幸把兴趣当工作养活自己,你也可能需要一段时间才能达到那个目标。在那之前,你还是需要一份全职工作。

这样一份日常的工作能让你赚到钱,维持基本生计,保持社交不脱节,并且保持规律的作息。没有经济压力也会让你的艺术创作更加游刃有余。摄影师比尔·坎宁汉(Bill Cunningham)曾说:"如果你不付点'学费',别人就不会告诉你这个圈子该怎么混。"

一份日常的工作让你沿着别人走过的路,学习他们身上的闪光点,并向他们"偷师"。我尝试做过很多份工作,从中学到的东西都能为日后创作所用——我在图书馆的工作经历教会我如何做学术研究，网页设计工作让我掌握了创建网站的技能，做广告文案的经历让我学会了如何用文字推销。

日常工作最糟心的问题是，它会占用你的时间，但会以规律起居作为补偿，这样你就可以根据日常安排，合理规划时间，继续追求你的创作。**养成并保持一种规律生活，甚至比拥有大把时间更重要。**惰性扼杀创意。所以，你需要保持最佳状态。一旦你不在状态，你就会对工作感到畏惧，因为你知道自己会一蹶不振，直到重回正轨。

解决起来一点也不麻烦：你要搞清楚哪个时段适合用来创作，哪个时段用来向别人取经，并将这些日程通通代入到你的日常生活中。不管做什么，每天都要持之以恒，没有假期，克服病假，雷打不动，风雨无阻。最后你会发现，帕金森定律（Parkinson's Law）的推论是正确的：工作总会在给定的时间内完成。

没人会觉得这样做很有意思。很多时候，你会觉得自己过的是双重生活。英国诗人菲利普·拉金（Philip Larkin）说，最好的事情莫过于"尝试让自己完全分裂——用一种人格去逃避另一种人格"。

关键在于，找一份薪水还算体面，又不会令人厌烦的工作，而且忙碌之余又能让你有足够精力做点其他的事情。这样的工作不好找，但总能找到。

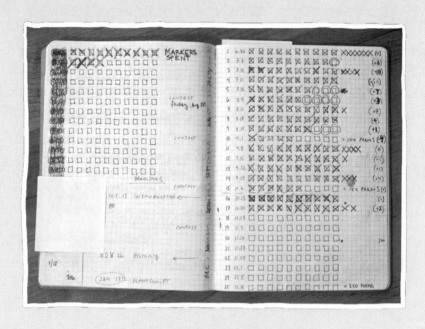

我在写第一本书时用过的日历

学会使用日历

无论是著作等身还是建功立业,它们很大程度上得益于你日常生活中的点滴努力。每天写一页的文字看起来似乎不多,但坚持 365 天,你就攒够了足够的素材去写一部小说。向一个客户推销成功是小小的胜利,但赢得几十个客户的信任,你就能升职。

日历能帮你规划自己的工作,为你设定具体目标,并且引导你按部就班,走上正轨。喜剧演员杰瑞·宋飞(Jerry Seinfeld)就用日历来敦促自己:每天创作一个笑话。他建议大家把日历挂在墙上,提醒自己这一年要完成的工作计划。然后,你可以将这些工作额度平均分配到每一天。每天打卡完成之后，你可以在写有相应日期的格子上画一个大大的叉。你每天的任务就从完成工作，变成用叉号填满这些格子。"几天后，这些叉号连起来就是一条链子。"宋飞说："长此以往坚持下来，你就会看到这条链子每天都在变长，尤其当你几个星期都能'保持队形'，你会从中获得成就感，而日后你唯一的目标就是别中途'掉链子'。"

找来一张日历，在日期格里画叉。
别中途"掉链子"。

养成写日志的习惯

正如你需要记下即将完成的待办事项,对于过去的事情也要做到心中有数。这里所说的日志,不一定是那种彻头彻尾的流水账或者手账,一个能记录下来每天你做了些什么事情的小本本即可:你正在跟进的项目、你在哪家餐厅吃的午餐、你又去看了什么电影,诸如此类。这比每天写细碎的日记要简单得多,而且你会惊讶地发现,这样一个每天记录日常的小本本简直对你太有用了,特别是时过境迁,当年不值得一提的小细节也能帮你回忆起大事件。

在古代,航海日志记录了水手的航行路线。这正是你写日志的意义所在——记录你人生的小船航行了多远。

"如果你问自己,'今天发生的最好的事情是什么?',你也许会复盘一下最近发生的开心的事,你写下来的可能是你平时想不到的事情。如果你问自己,'今天发生过什么事情?',你很可能会想起那些糟心事儿,因为毕竟你花了很多精力去处理——有些事情让你处理起来颇费周折,或是别人对你出言不逊——这些事都让你印象深刻。但是如果要问最好的事情是什么,你可能会想到一道奇异的光线,或者听到的妙语,抑或是一盘特别美味的沙拉。"

——尼克尔森·贝克(Nicholson Baker),美国小说家

我日志中的一些片段

"她拯救了我。如果不是她,我现在可能还在西餐厅驻唱;或者混得更惨,连演出都没我的份儿,我可能只能在那当厨子。"

——美国著名歌手汤姆·威兹(Tom Waits)评价他的太太兼合伙人凯瑟琳·布瑞妮娜(Kathleen Brennan)

美好的婚姻

和谁结婚是你一生中做出的最重要的决定。"美好的婚姻"不仅意味着找到人生伴侣,也是你在选择事业伙伴、朋友,还有生活圈子。处理人际关系本就不易,但一旦你的另一半是个沉迷创作的人,那你可就要变身成所向披靡的超人了。因为很多时候,你不得不同时扮演佣人、厨师、励志演说家、母亲和编辑等多重角色。

好的人生伴侣会让你脚踏实地。我的一位朋友曾说过,和一位艺术家一起生活,家里从不缺乏灵感和创意。这可把我太太逗笑了,她说:"哦对,没错,就像在跟达·芬奇一起生活。"其实她才是最棒的。

创意就是

做减法

有舍才有得

在这个信息爆炸、资源泛滥的年代,那些站在时代前沿的领先者往往是懂得取舍的人,因为只有这样,他们才会集中精力关注对他们来说真正重要的事情。没有什么会比"胡子眉毛一把抓"式的思考更让人累心的了,盲目地认为自己无所不能,这个想法听上去就很可怕。

帮你跨越创意障碍的方法实施起来并不难,给自己设置一些限制即可。这看似矛盾,但是从事创意工作的时候,你就会明白,限制意味着自由。你可以趁着午休写首歌,用一种颜色画幅画,在没有启动资金的情况下创业,用手机和几个朋友拍一个短片,用零部件组装一台机器。不要为无所事事找任何借口——现在就利用起手头的时间、空间和材料做些什么吧,马上行动起来。

适当的约束能让你的作品更加出彩。最典型的例子就是苏斯博士仅用 236 个不同的词就写出了《戴帽子的猫》(*The Cat in the Hat*),因此他的编辑就跟他打赌说,他肯定没法用 50 个不同的词写出一本书。苏斯博士没让人失望,赢了赌约,写出了畅销的儿童作品——《绿鸡蛋和火腿》(*Green Eggs and Ham*)。

"告诉你自己,你拥有世上所有的时间、所有的金钱、调色板中的所有色彩,所有你想要的一切——而正是这些扼杀了你的创意。"

——杰克·怀特(Jack White),美国音乐家

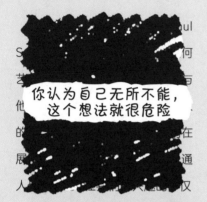

艺术家索尔·斯坦伯格（Saul Steinberg）曾说过："我们对任何艺术作品的反应，都是艺术家与他们局限性的斗争。"正是艺术家的取舍才让艺术更有趣——他们在展示与否之间做出了博弈。普通人也是如此：让我们感兴趣的不仅是我们所经历过的事情，还有我们未曾经历的事情。创作也是同样的道理：你要学着接纳自己的局限性，然后继续坚定前行。

最后，我想说的是，创意并不仅仅是我们选择的东西，更是我们舍弃的东西。

明智地选择。
快乐地创作。

接下来该做什么呢?

- [ ] 出去散散步
- [ ] 建立一个"宝贝文件夹"
- [ ] 去图书馆
- [ ] 买一个笔记本,然后好好记录
- [ ] 准备一张日历
- [ ] 开始写日志
- [ ] 与别人分享本书
- [ ] 开始写博客
- [ ] 小睡片刻

推荐阅读

- Lynda Barry, *What It Is*
- Hugh MacLeod, *Ignore Everybody*
- Jason Fried + David Heinemeier Hansson, *Rework*
- Lewis Hyde, *The Gift*
- Jonathan Lethem, *The Ecstasy of Influence*
- David Shields, *Reality Hunger*
- Scott McCloud, *Understanding Comics*
- Anne Lamott, *Bird by Bird*
- Mihaly Csikszentmihalyi, *Flow*
- Ed Emberley, *Make a World*

各取所需 }

书中的建议
尽情选择适合自己的
然后忽略那些没用的
没有规则可言

这些是我未收录进书的图片

本书的创作雏形起源于索引卡
以下是我没有用到的一些卡片

BE AS GENEROUS AS YOU CAN, BUT SELFISH ENOUGH TO GET YR WORK DONE.	QUILTING vs WEAVING	the internet: LIVE BY IT, DIE BY IT.
 DRAWN TO SCALE	ORIGINALITY is DEPTH + BREADTH of SOURCES	 SKELETON vs CONTAINER
ALL ART IS A COLLABORATION.	MAKE thINGS FOR PEOPLE YOU LOVE. FOR PEOPLE YOU WANT TO MEET.	YOUR PARENTS INVENT YOU, AND YOU TAKE IT FROM THERE.
STEAL FROM YOURSELF. DREAMS / MEMORY.	CONTAIN MULTITUDES.	 ARTISTS NEED POCKETS.

- The "SO WHAT?" test
- TIME & SPACE TRAVEL.
- Contextomy — quoting out of context
- Go Deeper.
- What if we give it away?
- MUTATIONS — misheard lyrics / imperfect copies from memory
- Influence is active, not passive.
- Confused, but not confounded. (Misnienko / work of sharon horvath)
- What do you want your days to look like?
- Always be reading — a book is a lens to see the world through.
- Wondering Wandering
- Stay away from matches
- Do it wrong.
- Make it strange. Your instruments like Lego bricks.
- I came to Texas for the mythology.

十年（一个又一个十年……
　　想要说的话）

这本书的诞生要归功于一篇"病毒式传播"的文章,所以在一场世界范围的瘟疫期间写后记,感觉暗合时宜。

思想的传播有些类似于瘟疫——脑力碰撞出的各种观点在知识网中生根发芽——但是,思想只有在那些准备接受并传递它们的人心中才能真正扎下根。

那么,为何这本书中的观点会受到如此多读者的热捧,为何这本书会流行十多年呢?

马歇尔·麦克卢汉(Marshall McLuhan)的编辑曾经对他说过:"一本成功的书不能有超过10%的创新点,如果有的话就太冒险了。"《创意从哪里来》这本书众所周知的秘密在于,说到做到,并且确实是按照我自己所说的原则实施的,这本书就是一本别人想法的**拼贴**。

旧观念由来已久,往往比新观念流传的时间更长,而且更容易被人接受,而本书的核心思想在于——没有什么是完全原创的——是彻头彻尾**老掉牙**的观念。在第一章,我引用了《传道书》中的一

> 事实上，影响（influence）和流感（influenza）有着相同的词源。
>
> ——艾丽莎·加伯特（Elisa Gabbert），诗人

句话,"太阳底下无新事。"但在这句话写下近 2000 年之前,埃及诗人神迦克修尔(Khakheperresenb)就在抱怨那些美好的词语都已经用完了。创新枯竭的观念至少有 4000 年的历史了。

贝斯手迈克·瓦特(Mike Watt)说:"唯一新鲜的是,你发现了它。"原创性问题可能是老生常谈,但对于每一个来到这个星球上的人来说,这个问题又会成为新问题。

如果你想做些有创意的事情,在某种程度上,你必须与那些有影响力的人或者作品相抗衡,并学会如何妥善应对。问题在于,我们通常谈论的影响力,都是**刚好颠倒**的。如果我说"让-米歇尔·巴斯奎特(Jean-Michel Basquiat)受到了梵高(Van Gogh)的影响",听起来好像是梵高对巴斯奎特做了什么,而实际上却是巴斯奎特对梵高做了什么。

评论家露斯文(K. K. Ruthven)写道:"我们语言中的语法,阻碍了我们对 [影响] 的理解","在影响的问题上,主动的往往是接受影响的那一方,而不是产生影响的人"。

艺术 99% 是抄袭。

"你必须意识到,所谓的影响其实不是影响。这只是某个人的想法在我的大脑里重新孵化了一下。"

—— 吉恩·米切尔·巴斯奎特(Jean-Michel Basquiat),涂鸦艺术家换句话说：影响不是被动的，而是**主动**的。

影响不是别人赋予你的。影响是你从别人那里**获得**的。

这就自然而然引出了"偷"（steal）这个字。

从一开始，人们就问我为什么要用**那么**一个尴尬的字。我告诉他们，这是因为我并不是绝对原创的——我用这个词的唯一原因就是，在我之前就有很多艺术家用过这个词！

这是一个颇具挑衅性的表达。甚至是个不怀好意的字眼。但这个词到底用得恰当与否？

我喜欢"偷"（steal）这个字，因为它给了你一种非常具象且富有成效的关注世界的方式。要成为一个技术高明的"小偷"，就必须为寻找下一个灵感经常去"踩点"。

他们说"贼间无道"，但其实应该有，这本书就试图建立了一个生存法则。

遗憾的是，总有人理解得跑偏了。有些读者看了封面，竟然望

~~偷盗~~　~~剽窃~~

~~抄袭~~　~~掠夺~~

~~搬运~~　~~偷走~~

~~行窃~~　~~借用~~

~~盗取~~　~~扒窃~~

~~抢劫~~　~~挪用~~

~~搜刮~~　(窃取)

~~抄用~~

文生义:很多书商告诉我,这本书是店里被偷最多的。这些小偷要么就压根没读过这本书,要么他们只记住了书名中"偷"这个字,把"像艺术家一样"几个字抛在脑后①。像艺术家一样偷是为了**不被人抓现形**!像小偷一样偷东西就等着束手就擒吧。

德国思想家 G. C. 利希滕贝格(G. C. Lichtenberg)说过,一本书就像一面镜子:如果一个蠢货朝镜子里看,你就别指望能照出个圣徒的模样来。如果你知道思想会像瘟疫一样传播,那你就必须做好准备,别让其他人一听到这个观点就第一时间想到你,因为这些想法有可能发生变异,出现新的变体。

如果这个观念源远流长,最终人们甚至可能无法追溯到其源头之所在。在那些我做梦都想去的国家,我看到过写有**"像艺术家一样偷灵感"**(Steal Like An Artist)的涂鸦作品喷绘在砖墙上,也看到过这几个字印在冒牌夹克的背后。此时此刻,这句话比我本

---

① 本书原文书名为 Steal Like An Artist,中文版使用的是引申义。
——编者注

人更受欢迎,也会比我走得更远。

　　这本书中所说观点的传播势头,确实有些**超乎**我的想象。我们的流行文化充斥着无穷无尽的衍生品、续集和翻拍,而被称为互联网的超级复印机,循环往复地喷涌出无尽的流行语和表情包。在"大势所趋"之下,我们选择了接受,但不得不说我们真是自作自受、活该应得。就好像我们被关在一个不见天日的发霉老屋,久而久之,我们反倒沉迷于自己身上沾染的这股腐朽气息。

　　英语诗人 T.S. 艾略特(T. S. Eliot)说过,一个高明的艺术家会从"年代久远、语言陌生、兴趣广泛"的艺术家那里偷创意。艺术家必须超越表象所阐释的内容,不断寻找新的灵感源泉。

　　尽管我喜欢回顾过去,但对于一个作家来说,花太多时间复盘从来都不是一件好事。如果你总是回头看,你就无法前进。

　　实施一个创意项目,如同执行某种死刑。我的工作就是把文字和图片融入书页里,但一旦我写完一本书,对我来说,它无异于死了。

"我们能找到的图像少之又少,因此要像考古学家一样挖掘它们。我们必须在这片满目疮痍的大地上挖呀挖呀挖,才有可能有所收获。"

——沃纳·赫尔佐格(Werner Herzog),德国演员、导演

回想一下,

我　　从不认为

我做了
一个计划
我
只是胡编乱造一通的,
然后
那些
子虚乌有的

就开始

成真了

"一旦你开始回顾过去,你就停止了前进。与鲨鱼相关人尽皆知的传说蕴含着真理——对于艺术家而言,至少是个隐喻:如果你前进的动力终止了,你就死了。"

——马丁·盖福特(Martin Gayford),英国资深艺术评论家、作家

曾经沧海，不足为奇。

在读者打开这本书之前，脑袋里全是问号。读者花些时间去阅读，投入关注，就会让书中的图文变得栩栩如生。如此多的读者持续赋予这本书新生，令人又惊又喜。这本书现在属于你们，而不是我了。这也是我没有对原作做太多改动的原因：我有什么资格改动它？

此时的我，与当时写这本书时的我相隔的岁月，以及写书时的我与那个为19岁的自己而写的我相隔的时间，前者竟比后者多上好几年。

当我现在重读这本书的时候，它对我来说不再是死气沉沉的，而只是……有些**奇怪**。指间的书页是有生命的，并有一种我不可名状的力量。

这书是谁写的？我心想。这小子到底是谁？他的活力和自信是从哪儿来的？

读者,

每次
你

读懂

我,

我就又活过来了。

显而易见的是,他偷走了这一切。现在我们可以从他那里偷点儿有价值的东西了。

——写于 2021 年 6 月,得克萨斯州奥斯汀

致　谢

献给我的太太，麦凯恩（Meghan）——我的第一个读者，我所有作品，她都是第一个阅读者。

献给我的经纪人泰德·温斯坦（Ted Weinstein），我的编辑布鲁斯·特雷西（Bruce Tracy），我的图书设计师利迪·托马斯（Lidija Tomas），还有 Workman 团队所有出色的工作人员。你们给我留下了深刻的印象。

献给那些被我"偷"过创意的人，包括但不限于：琳达·巴里（Lynda Barry）、艾德·艾波利（Ed Emberley）、休·麦克劳德（Hugh MacLeod）、约翰·T. 恩格（John T. Unger）、杰西卡·哈格（Jessica Hagy）、金伯利·弗格森（Kirby Ferguson）、莫林·麦克休（Maureen McHugh）、理查德·纳什（Richard Nash）、大卫·谢尔顿（David Shields）、乔纳森·艾伦里瑟

（Jonathan Lethem），还有克里斯·格拉斯（Chris Glass），以及 wireandtwine.com 网站的工作人员，是他们授权我使用了那张 T 恤衫照片。

献给我的父母，莎莉（Sally）和斯考特·克莱恩（Scott Kleon）。

献给目光敏锐的艾米·加什（Amy Gash）。

献给我线上和线下可爱的朋友们和他们的家人，是他们在网上找到那些原创博客，并且把它们的地址给了我，还给了我无数激发灵感的素材。

最后，非常感谢布鲁姆社区学院（Broome Community College）——如果不是你们邀请我去演讲，我可能永远都无法完成这本书。